COMMENT VIVRE
HEUREUX

C.P. 325, Succursale Rosemont
Montréal (Québec) CANADA H1X 3B8

Téléphone: (514) 522-2244
Courrier électronique: info@edimag.com

Éditeur: Pierre Nadeau

Dépôt légal: troisième trimestre 2004
Bibliothèque nationale du Québec
Bibliothèque nationale du Canada

© 2004, Édimag inc.
Tous droits réservés pour tous pays.
ISBN: 2-89542-131-5

L'éditeur bénéficie du soutien de la Société de développement des entreprises culturelles du Québec
pour son programme d'édition.

Nous reconnaissons l'aide financière du gouver-
nement du Canada par l'entremise du Programme
d'aide au développement de l'Industrie de l'édition
(PADIÉ) pour nos activités d'édition.

Gilles LETENDRE

COMMENT VIVRE
HEUREUX

EDIMAG
PRÈS DU PUBLIC

DISTRIBUTEURS EXCLUSIFS

Pour le Canada et les États-Unis
LES MESSAGERIES ADP
955, rue Amherst
Montréal (Québec) CANADA   H2L 3K4

Téléphone: (514) 523-1182
Télécopieur: (514) 939-0406

Pour la Suisse
TRANSAT DIFFUSION
Case postale 3625
1 211 Genève 3   SUISSE

Téléphone: (41-22) 342-77-40
Télécopieur: (41-22) 343-46-46
Courriel: transat-diff@slatkine.com

Pour la France et la Belgique
DISTRIBUTION
DU NOUVEAU MONDE (DNM)
30, rue Gay-Lussac
75005 Paris   FRANCE

Téléphone: (1) 43 54 49 02
Télécopieur: (1) 43 54 39 15
Courriel: liquebec@noos.fr

****

Le bonheur est une route
et non une destination.

****

Nous devons être conscients que
la source du bonheur se situe entre
nos deux oreilles. C'est la raison
pour laquelle les riches peuvent être
malheureux et les démunis heureux.

***

Pour connaître un peu mieux
ce que peut être le bonheur,
nous devrions cesser
d'avoir peur du malheur.

****

Le bonheur est une route
et non une destination.

****

Nous devons être conscients que
la source du bonheur se situe entre
nos deux oreilles. C'est la raison
pour laquelle les riches peuvent être
malheureux et les démunis heureux.

***

Pour connaître un peu mieux
ce que peut être le bonheur,
nous devrions cesser
d'avoir peur du malheur.

Table des matières

VIVRE
L'INSTANT
PRÉSENT

Le bonheur est un moment précis.
Il ne peut se conserver
très longtemps.

Par contre, il est renouvelable
et il ne coûte rien.

LE BONHEUR, MAINTENANT

Il n'y a pas de meilleurs moments pour être heureux que dès maintenant. Oui, l'aptitude au bonheur – le muscle du bonheur – peut se conditionner, mais le bonheur lui-même est un état qui survient comme ça, au détour du chemin, dans le chant d'un oiseau, dans le regard d'une personne, dans un éclat de rire, en compagnie d'un être cher, dans un courriel que nous recevons d'un ami.

Dans toute chose le bonheur peut être contenu, car il ne dépend pas d'une source extérieure qui pourrait se tarir. Sa volatilité le rend par contre insaisissable, et l'humain le cherche comme un Graal qui lui permettrait de vaincre les ténèbres. Les plus fous, sous une armure puissante, mais inadaptée, pourraient partir en croisade pour le conquérir. Les plus sages le trouveront simplement en eux-mêmes, le regard absorbé par la lumière du soleil faisant danser ses rayons sur la robe étincelante d'une gouttelette d'eau.

Le bonheur peut aussi se trouver attablé avec votre famille au déjeuner, dans le rire de votre enfant qui vient de vous faire naïvement une blague.

Mais soyez attentif à la vie, elle est l'écran privilégié sur lequel le bonheur vous apparaît, et c'est vous-même qui le projetez. Vous en êtes la source.

Le bonheur est périssable, mais constamment renouvelable. Les riches comme les pauvres le cherchent, mais jamais personne ne met la main dessus, car il n'existe pas en dehors de ce que vous ressentez.

LE BONHEUR EST-IL NATUREL?

J'ai une amie qui rayonne de bonheur et qui semble avoir la capacité de le communiquer. Elle a le bonheur contagieux.

****

Un autre a tout pour lui, mais il ne cesse d'être inquiet. Serait-il insensible au bonheur?

Pour certaines personnes, il semble que la perception du bonheur soit une chose tout à fait naturelle. Comme si être heureux allait de soi, comme il en va pour la respiration. Toujours le sourire aux lèvres, ces gens rayonnent et paraissent illuminer les endroits par où ils passent et les gens qu'ils côtoient. Je dois avouer que je les envie. C'est d'ailleurs pour cela que je me suis mis à les observer pour connaître leurs secrets du bonheur.

Pourquoi y a-t-il des gens dépressifs? Pourquoi suis-je moi-même enclin à accorder de l'importance à ce qui ne va pas plutôt qu'à ce qui va bien? Pourquoi certains réussissent-ils à être d'une humeur étincelante alors que la vie ne les a pourtant pas choyés?

Une de mes très bonnes amies est issue d'une famille où les deux extrêmes se côtoient. Parmi les trois frères et les trois sœurs, il y a des dépressifs et des boute-en-train. Un des membres de cette famille est particulièrement enclin à se mettre dans le pétrin et à broyer du noir, alors que sa sœur attire tout ce qui est positif et possède un charisme extraordinaire. Existe-t-il une recette pour être heureux? Si oui, quelle est-elle? Que pouvons-nous apprendre en observant ces personnes pour qui le bonheur est une seconde nature?

Un autre de mes proches est relativement choyé par le destin. Il n'a jamais manqué de quoi que ce soit. Il a toujours eu du travail, même s'il est pigiste depuis vingt ans. Il m'a souvent raconté comment tout ce dont il a besoin arrive à lui juste au bon moment. Il lui manque une somme d'argent pour payer une facture urgente. Pas de problème. Un événement survient et, soit qu'il n'a pas à payer lui-même la facture, soit qu'une entrée d'argent inattendue vient le dépanner. Malgré tout, cet ami trouve le moyen d'être déprimé et inquiet. Que se passe-t-il donc dans son esprit, dans son cerveau? Pourquoi ne peut-il pas profiter de cette chance sans se mettre aussitôt à angoisser pour une

autre raison? Pourquoi cette ten-
dance à l'inquiétude?

Dans les pages qui suivent, par les
résultats d'observations que j'ai
effectuées au cours des dernières
années, vous trouverez des idées, des
conseils et des techniques qui pourraient augmenter votre capacité à
vivre heureux.

Je choisis bien mes mots lorsque je
dis «capacité à vivre heureux», car
pour moi il ne fait aucun doute que,
comme pour le muscle cardiaque, le
muscle du bonheur peut se mettre
en condition avec l'entraînement.
À moins que vous ne possédiez un
organe du bonheur génétiquement
en bonne condition, comme d'autres

ont un cœur d'athlète de façon naturelle, sans programme de condi-
tionnement.

Effectivement, je pense que nous
devons nous entraîner au bonheur
lorsqu'il ne coule pas de soi dans nos
veines. Il est de la responsabilité de
chacun de nous de faire en sorte que
notre existence individuelle soit la
plus belle et la plus éclatante
possible afin d'embellir notre vie en
société. Imaginez un peu un monde
où tout un chacun rayonnerait d'un
bonheur généreux et contagieux.

Je ne veux pas dire d'évacuer tout ce
qui va mal. Il ne s'agit pas d'une
opération de pensée magique. Nous
ne devons pas occulter les soucis, les

problèmes et les tracas. Il est plutôt question d'adopter un état d'esprit plus serein et plus confiant.

L'auteure britannique Florence Scovel Shinn écrivait en 1941 dans son livre *Le jeu de la vie, et comment le jouer*: «La plupart des gens considèrent la vie comme une bataille, or la vie n'est point une bataille, mais un jeu.»

À partir du moment où l'on joue – au sens de s'amuser et non pas de jouer la comédie –, la peur se volatilise et cesse de paralyser notre muscle du bonheur. De la même façon, sur une pente de ski, lorsque la peur intervient, nos muscles se raidissent et la chute se produit à coup sûr. Le pire ennemi de la réussite, c'est la peur de l'échec. Bien sûr, encore là, il ne faut pas simplifier et dénaturer le message. Il est bien évident que si vous avez des objectifs irréalistes, vous risquez de vous casser le nez. Ne tentez pas de faire du ski acrobatique si vous n'en avez jamais fait. Ne vous donnez pas comme objectif de devenir président d'une grande banque si vous n'avez pas la formation et l'expérience nécessaires.

Prenez le temps de lire les chapitres qui suivent et tentez d'appliquer les principes qui y sont décrits dans un esprit de simplicité et d'humilité face à la vie.

CHAPITRE PREMIER

LES INGRÉDIENTS DU BONHEUR

*Cette force qui est en chacun
de nous et que l'on appelle la vie,
est le premier ingrédient du bonheur.*

*Il y a aussi, entre autres ingrédients,
la générosité, l'enthousiasme,
l'humilité ainsi que le respect de soi
et des autres.*

L'ÉVEIL AU BONHEUR:
UNE QUESTION DE CHOIX

Jacques travaille depuis plusieurs années au 10e étage d'une tour à bureau. Il part le matin à 7 h 30 et revient chez lui vers 17 h. Il est comptable de profession et à 50 ans, il n'attend plus grand-chose de la vie, sauf pour le temps de sa retraite où il veut se mettre à la peinture. Il en rêve depuis longtemps, mais remet toujours à plus tard, comme pour plusieurs autres choses qui lui tiennent à cœur. Mais à sa retraite, il s'y mettra, c'est certain.

Mariés depuis 25 ans, Jacques et son épouse, Hélène, ont une fille qui est partie vivre avec son amoureux l'année dernière. Jacques n'a pas eu de nouvelles d'elle depuis au moins six mois. Un matin d'été comme tant d'autres, Jacques est parti à son travail. À son retour chez lui, à l'heure habituelle, il s'est assis devant Hélène, tout près d'elle. Leurs jambes se touchaient à la hauteur des genoux. Hélène sentait que son mari n'était pas dans son état normal. Elle a tout de suite vu cette lueur au fond des yeux de Jacques.

***

Anne alla chercher le courrier dans la boîte aux lettres à l'extérieur du petit immeuble qu'elle habitait avec son ami. Le soleil du matin était plus radieux que les pensées qui trottaient dans sa tête. Préoccupée

par mille petits tracas et responsabilités, elle n'était pas présente à
la vie qui explosait de vitalité sous
la douceur généreuse et capiteuse de
l'été. De plus, la cohabitation qu'elle
avait commencé avec son amoureux ne donnait pas tous les fruits
escomptés.

Après avoir tout de même pris le
temps de jeter un coup d'œil tendre
à une envolée de petits oiseaux ex-
cités et tapageurs, Anne rentra dans
son appartement et jeta un œil distrait sur le courrier: des comptes et
des circulaires, mais aussi une petite
enveloppe blanche. Quelque peu
surprise, elle reconnut l'écriture de
son père. Elle ouvrit l'enveloppe
prestement, intriguée, et, toujours

debout près de la porte d'entrée, elle en commença la lecture.

«Ma *fille adorée* – déjà le ton est assez inhabituel –, *ta mère et moi avons décidé de partir en voyage. À l'heure où tu liras cette lettre, nous serons à Paris, première étape de notre parcours. J'ai pris un congé prolongé d'une durée de 6 mois et j'ai convaincu ta mère de partir. Nous en avions envie depuis si longtemps, mais ce désir s'était endormi au fond de nous avec tant d'autres choses.*

Il y a quelque temps, j'ai rencontré sur mon parcours pour me rendre au travail, un homme que j'avais bien connu au collège. À cette époque, il réussissait tout mieux que quiconque.

Les professeurs étaient unanimes, on lui prédisait un avenir brillant dans le monde des affaires.

Ce matin où je l'ai revu, il avait toujours cette allure de conquérant et ce regard intense qui le démarquaient tant des autres. Pour le reste, rien en lui ne pouvait concorder avec mes souvenirs. Il était vêtu d'un pantalon au tissu défraîchi et d'une chemise de coton indien d'allure un peu ridicule sur un homme d'une cinquantaine d'années. Même si je lui affirmais que j'étais pressé et que je devais me rendre à mon travail sans tarder, il semblait deviner que j'avais tout de même le temps de discuter quelques minutes avec lui. Il m'invita à m'asseoir sur un des bancs du carré Saint-Louis, à quelques pas de là.

La conversation que nous avons eue me trotta dans la tête durant toute la journée, à mon bureau. Pierre – c'est le nom de cet homme – me raconta qu'après l'obtention de ses diplômes, il partit en voyage afin de connaître un peu mieux le monde avant de commencer sa carrière dans le monde de la finance. C'est au cours d'un séjour en Amérique du Sud que ses plans changèrent. En côtoyant des religieux en mission d'aide humanitaire, il a été plongé au cœur d'un univers où de véritables valeurs de partage et de générosité étaient présentes, où des gens consacraient leurs énergies à venir en aide à des inconnus. Ces religieux agissaient, pour la plupart, par pure compassion envers leurs prochains. Ce fut une révélation pour Pierre. Il avait besoin de vivre un idéal et a choisi en mettant ses peurs de côté.»

Anne était de plus en plus intriguée et commençait à penser que son père avait été victime des boniments d'un illuminé. Toutefois, comme si Jacques avait deviné que sa fille aurait cette pensée à ce moment précis de sa lecture, la lettre poursuivait sur un ton rassurant:

«Ne t'inquiète pas de notre sort, nous n'avons pas été kidnappés par les membres d'une secte. Tu connais trop ma méfiance envers ces rassemblements de badauds pseudospirituels. L'histoire de Pierre me troubla vraiment très profondément et vint me chercher jusqu'au fond de mon être. J'ai toujours

eu des idéaux, des rêves et des aspirations. Le temps qui passe et les incer-
titudes qui montent régulièrement
m'ont arrêté, jusqu'à me faire oublier
ce qui me fait vivre et me fait vibrer.

Après cette rencontre, j'ai discuté avec
ta mère comme nous ne l'avions pas
fait depuis trop longtemps. Nous nous
sommes retrouvés comme aux pre-
miers jours de nos amours, lorsque la
vie entière était devant nous et que la
force de la jeunesse coulait dans nos
veines.

Ce voyage que nous entreprenons,
nous avons décidé de le faire pour
nous-mêmes comme dans un rituel
pour nous remettre sur le chemin de la
vie, de la vraie vie, celle qui fait battre

nos cœurs, celle qui nous fait sourire à l'être aimé, celle qui nous fait nous émerveiller devant les beautés du monde. Nous avons trop longtemps pensé que le bonheur viendrait plus tard. Une fois tous les devoirs accomplis. Oui, il faut assumer les responsabilités que nous choisissons d'assumer, mais le bonheur est aussi une responsabilité. Il appartient à chacun de vivre heureux.

Prends bien soin de toi et de tout ceux qui te tiennent à cœur. Nous t'appellerons bientôt. »

Maintenant plus bouleversée qu'inquiète, Anne se laissa choire sur une chaise. Elle n'aurait jamais cru si mal connaître ses parents. Des êtres qu'elle considérait comme un peu banals, aujourd'hui partis si loin en quête de vérité.

En fait, ce n'est pas la vérité que Jacques et Hélène cherchaient. Ce qui les animait, c'était la quête de la vie et du bonheur dans toute sa simplicité. Le bonheur est souvent à portée de main, mais nous le cherchons toujours ailleurs ou nous le reportons à plus tard.

Cette histoire est véritablement arrivée à des gens que je connais. Longtemps enfermé dans la prison des convenances et des peurs, ce couple avait, comme la plupart des gens, oublié de se connecter à la vie. Le quotidien peut être un puissant anesthésiant. Mais lorsqu'on ouvre son être, le bonheur peut se vivre partout et dans toutes circonstances, mais pour cela, il faut avoir l'esprit libre et le cœur grand ouvert à la vie.

TRANSFORMER SA VISION DE L'EXISTENCE

L'ingrédient principal du bonheur est la vie. Trop de gens ne sont plus animés par cette flamme qui brille dans les yeux émerveillés des enfants. S'ouvrir à la vie et s'en émerveiller, c'est aussi s'ouvrir au bonheur. Nous pouvons ainsi transformer ce que nous vivons. Comme Jacques et Hélène, nous pouvons décider de vivre autre chose, mais nous avons aussi le choix de transformer notre existence en changeant la façon dont nous la percevons.

Dans son livre *Créez votre vie*, Jean-François Decker propose: «Nous pouvons donc appréhender en permanence notre univers personnel de deux façons bien différentes: sur le mode négatif, comme un univers de frustration, caractérisé par l'impossibilité de faire ce que nous voulons et par le manque d'amour, ou sur le mode positif, comme le meilleur univers possible pour nous, celui qui contient toutes les potentialités de bonheur, à condition de l'accepter et de l'aimer.»

L'auteur continue en faisant le parallèle avec le conte de la princesse et du crapaud. «Il nous suffit pourtant d'embrasser le crapaud, de nous mettre délibérément à aimer notre univers pour qu'il se transforme en un paradis, qu'il se remplisse d'amour et qu'il comble tous nos vœux.»

S'émerveiller devant la vie, ce n'est pas «faire preuve d'amour», c'est laisser l'amour monter en soi et le répandre naturellement autour de soi en un état d'être généreux et plein d'une véritable compassion. Nous embrassons le crapaud, non pour démontrer que nous aimons, mais parce que l'amour nous inonde et s'accomplit dans un don de soi. Le bonheur ne se calcule pas par la somme de ce que la vie nous donne, mais par ce que nous donnons nous-même à la vie.

EXERCICE

Prenez une feuille de papier. Divisez-la en deux colonnes. Dans la première, inscrivez ce que vous voyez comme des sources de frustration dans votre vie. Dans la deuxième colonne, essayez de trouver un autre angle plus positif pour transformer cette situation.

Exemple – Vous manquez d'argent et vous ne pouvez partir en voyage. Un angle positif à cette source de frustration pourrait être que vous pourrez passer plus de temps avec certains proches que vous ne voyez pas souvent. Vous pourrez faire ensemble des activités qui ne coûtent pas grand-chose, mais qui vous rapprocheront. Ne mettez donc plus vos énergies à songer au voyage que vous ne pouvez faire et organisez plutôt un pique-nique mémorable. Les gens qui trouvent instinctivement le bonheur ont toujours une alternative heureuse à une situation problématique ou à une frustration. Comme dirait l'autre: le malheur coule sur le dos de certaines personnes comme l'eau sur le dos d'un canard.

Essayez de tremper le plumage d'un canard, vous devrez vous lever tôt.

Chaque fois que vous procèderez à cet exercice, conservez les feuilles sur lesquelles vous écrivez. Relisez-les de temps à autre et analysez votre cheminement. Plus vous pratiquerez, plus vous trouverez facilement un angle nouveau pour transformer votre vie.

L'HUMILITÉ ET L'AMOUR À DOUBLE SENS

Pour admettre que l'amour de la vie et l'émerveillement qui l'accompagne puissent nous habiter de façon spontanée, il faut aussi laisser place à l'humilité en soi. En effet, cette attitude de l'esprit est à l'opposé de l'égocentrisme qui fait tourner le monde autour de sa propre personne.

Dès la tendre enfance, nous apprenons par l'exemple qu'il est nécessaire et bon d'être aimé. Par nos parents, par notre famille, par nos amis, nous avons la démonstration que nous pouvons attirer l'attention et l'affection des autres grâce à toutes sortes de stratagèmes. Ce n'est pas mal en soi, ce n'est qu'une façon animale de prendre sa place dans le monde, dans la société, comme le font aussi les singes à l'intérieur de leur groupe social. C'est aussi une façon de bâtir son identité. Nous nous construisons selon ce que les autres perçoivent de nous.

Mais l'homme a des aspirations plus spirituelles tout en étant lié à ses origines. C'est pourquoi la notion d'amour doit s'enrichir d'une dimension beaucoup plus large, à double sens: *être aimé*, pour répondre aux exigences du plan physique (l'ego), et *aimer*, pour briser les barrières entre soi et le monde, pour s'unir à la beauté de l'univers, pour sortir de la prison du désir, pour avoir accès au bonheur véritable et durable en brisant l'isolement.

Être humble équivaut aussi à mettre de côté la satisfaction de nos besoins animaux ou affectifs en faisant passer notre rapport au monde d'un niveau de recherche de satisfaction personnelle à un niveau d'acceptation des autres, des choses et des événements pour ce qu'ils sont et non pour ce qu'ils peuvent nous apporter. Ainsi, l'humilité deviendra un ingrédient du bonheur en nous intégrant au milieu de la vie et non à l'extérieur d'elle. L'humilité transfère notre attention sur l'autre et non sur nous-même.

EXERCICE

Vous rencontrez une personne que vous connaissez. Vous avez une conversation et des échanges. Essayez de tendre votre attention sur la personne qui est en face de vous tout en étant naturel dans votre façon d'être. Ayez une attitude attentive et aimable. Permettez à l'autre de prendre tout l'espace qu'il souhaite. Normalement, nous aurions peut-être le réflexe de reconquérir une partie de cet espace dans un genre de lutte subtile où s'entremêleraient des émotions liées à l'identification, à des attentes, à de la dépendance, à de l'égoïsme, à de la compétition.

Agissez plutôt un peu comme vous pourriez le faire lorsque vous êtes en amour. Nous sommes alors attentif, avenant, charmant, toute notre attention est tendue vers l'autre et, sans nous en rendre compte, nous sommes nous-même transformé. Notre satisfaction n'a plus d'importance, nous flottons sur un nuage. Vous avez sûrement déjà remarqué les changements qui s'effectuent lorsqu'une personne est en amour. Elle irradie et semble profondément épanouie. Il ne s'agit pas dans cet exercice de jouer la comédie et d'avoir l'air heureux, mais plutôt de vous laisser pénétrer par l'autre et d'accepter de lui ouvrir un pont vers vous pour véritablement communiquer. Vous n'attendez pas que la relation vous donne quelque chose, vous offrez plutôt votre attention.

SE LAISSER PÉNÉTRER ET NON ENVAHIR

Une remarque m'a déjà été faite par une personne qui s'indignait devant ce discours. «L'humilité, c'est bien beau, disait-elle, mais je n'ai pas envie de me faire piler sur les pieds par des vaniteux et des égocentriques qui n'ont aucun respect.»

Premièrement, il est vrai que si vous voyez certaines personnes simplement comme des vaniteux ou des égocentriques, il y a de fortes chances pour que votre propre ego soit bien important et n'offre de terrain à personne. Comment alors entrer en contact véritable avec quelqu'un si vous lui envoyez des messages de confrontation dès le départ? Si vous êtes humble et avez le cœur ouvert, vous allez probablement voir au-delà des possibles manifestations égocentriques. Vous verrez des êtres humains qui souffrent peut-être et que vous pourrez aider en étant simplement présent.

Sur la compassion, Placide Gaboury nous dit, dans son livre *Pour arrêter de souffrir*: «Si quelqu'un vous demande de l'aide, voilà le signal de l'action. Mais il s'agit de faire cela pour aucune raison, pour rien, gratuitement, sans attente. Se voir tout à fait remplaçable, sans réelle importance. La vie nous a placés là pour servir, voilà tout. Elle se sert de nous: soyons donc de vrais serviteurs.»

De plus, être humble et compatissant ne signifie pas se laisser envahir. Car un autre des ingrédients du bonheur est la stabilité dans notre être intérieur. Un voilier qui prend son élan et navigue en faisant corps avec le vent, doit aussi être d'une grande stabilité afin de ne pas être renversé par ce même vent. Tout comme le mât du voilier, nous devons être bien ancré dans l'existence, dans notre existence d'être humain.

Louis Pauwels constate dans son livre *L'apprentissage de la sérénité*: «La vie dangereuse est la vie. Et, quoi qu'il risque d'arriver, se maintenir ferme en soi. Se dire: les choses contre lesquelles nous ne pouvons rien, faisons en sorte qu'elles ne puissent rien contre nous. Cette attitude n'est point passive. Mettant de l'ordre en nous, nous découragerons le désordre dans les autres esprits. Un homme qui se maintient, maintient de l'équilibre dans le monde.»

Pour être aussi solidement implanté dans la vie et mettre de l'ordre en soi, il faut se connaître et s'accepter. La meilleure façon d'y parvenir est de s'observer et de ne plus nourrir les conflits en soi.

CHAPITRE DEUXIÈME

ÊTRE PLUS
QUE
L'INSTINCT

L'instinct guide l'animal
pour lui permettre de survivre.

Qu'en est-il de l'animal
encore présent dans l'homme?

Comprendre notre instinct animal
nous aidera à ne plus
en être l'esclave.

L'ANIMAL ET L'HUMAIN

Je ne crois pas que la notion du bonheur, telle que nous la concevons, est présente chez l'animal. L'instinct qui pousse un animal à réagir face à un danger ou devant un plaisir est ordonné par l'impératif de la survie. La lionne qui joue avec ses petits ressent un plaisir à le faire et n'a pas le besoin d'en faire un bonheur. La lionne vit tout simplement en parfaite harmonie avec cet instant. L'étiquette du bonheur qu'un homme accolera à cette scène est propre au genre humain. C'est la séparation de l'homme et de son environnement, l'exclusion d'Adam et d'Ève du paradis, qui nous fait rechercher les bienfaits du bonheur que les animaux goûtent de façon naturelle à travers les simples plaisirs de leur existence.

L'homme aussi a droit aux simples plaisirs de l'existence, mais sa nature plus complexe, à cause de son intellect et de sa dimension spirituelle, lui rend le parcours plus périlleux. Pour l'humain, ces notions le rendent plus complet, mais en même temps elles augmentent le niveau de difficulté pour vivre le bonheur. Je ne dis pas atteindre le bonheur, car le bonheur se vit ou ne se vit pas. On peut atteindre un niveau de compétence que l'on ne perdra plus dans la pratique d'un métier, mais pour le bonheur, la pratique de certaines attitudes aidera, mais ne donnera pas accès au bonheur de façon permanente.

NE PLUS ÊTRE SOUMIS À L'INSTINCT

Par le passé, il m'est arrivé à maintes reprises de répondre à des chauffards par des insultes et des invectives. Un jour, j'ai compris que ce type d'agissements venait tout droit de ma nature animal. Pour survivre, le mammifère doit s'attirer le respect de ses congénères, il doit impressionner, comme le gorille qui gonfle ses muscles pour dominer les autres mâles. Il doit paraître le plus gros, le plus fort.

Mais la dimension spirituelle propre à l'homme doit le faire transcender ce stade, car son bonheur doit émerger de son esprit et non de son ego.

Un animal ne cherche pas le bonheur, il a accès aux plaisirs liés à ses instincts et à sa condition. Le bonheur que l'homme cherche est lié à sa spiritualité, et tire sa source de la vie et non de la survie. Toute autre forme de sensation est de l'ordre de la satisfaction, donc liée seulement aux instincts.

Pour revenir à mon chauffard, le laisser faire ses conneries sans en être remué est empreint de sagesse. Restez serein et ne pas réagir avec l'instinct de l'animal améliorera la condition de mon muscle du bonheur.

La plus belle des possessions est de se posséder soi-même, de pouvoir laisser glisser à la surface de sa conscience les pulsions et les emportements dictés par ses instincts. Les laisser s'apaiser et disparaître sans les attiser. Alors seulement un homme nouveau et heureux peut prendre la parole sagement et sans être sous l'emprise de la déraison. Cet homme pourra naviguer sur des mers déchaînées, il gardera le cap.

Il est important de ne pas tomber dans le panneau de la «maîtrise» de ses instincts, pulsions ou pensées. Maîtriser sous-entend combattre et il ne peut y avoir de bonheur où il y a combat.

LÂCHER PRISE

Lorsque je parle de se posséder soi-même, il n'est pas plus question de maîtriser son esprit, ses instincts, comme un lutteur pourrait le faire avec un adversaire. On ne doit pas prendre à bras-le-corps les pensées et les attitudes que l'on désire changer. D'ailleurs, ce ne sont les pensées et les instincts que nous devons changer, mais notre façon d'y réagir. C'est là que nous pouvons ouvrir une voie vers le bonheur.

Nous devons cesser de nous identifier à nos pensées. Notre esprit n'est pas ce que nous pensons et notre esprit n'est pas non plus ce que nos instincts nous font ressentir. Un nouveau niveau de conscience doit émerger de vous pour vous libérer.

EXERCICE

Voici un exercice pour vous aider à vous dissocier de vos pensées et de vos pulsions. Il s'agit d'un exercice que l'on peut associer à la méditation.

Installez-vous confortablement, de préférence assis, mais jamais couché. Vous pouvez pratiquer cet exercice en tous lieux, quoique au début, il serait préférable de le faire isolé dans un endroit calme pour ne pas être distrait.

- Trouvez un objet qui a un mouvement régulier. Ça peut être l'aiguille d'une montre, le robinet dont l'eau fuit goutte à goutte, le pendule d'une horloge, etc.

- Demeurez en silence en fixant tranquillement votre sujet du regard.
- Soyez attentif au mouvement sans réfléchir. Mettez votre esprit au neutre.
- Ressentez de tout votre être sans rien provoquer, sans chercher à analyser.
- Si une pensée apparaît, ne tentez pas de la chasser. Laissez-la monter sans y pénétrer. Un peu comme une bulle que vous pourriez observer et que vous laisseriez passer près de vous puis s'envoler au loin. Si vous vous laissez prendre par cette pensée, ne vous découragez pas et revenez tranquillement à l'immobilité de l'observateur.

Il est très difficile de rester immobile ainsi, mais en pratiquant quelques minutes cet exercice de façon régulière, vous parviendrez à une certaine reconnaissance des mécanismes et astuces qui peuvent se mettre en place subtilement pour faire redémarrer votre mental. Vous verrez ainsi que vos pensées ne sont pas vous, mais une partie de vous.

Nos pensées sont générées par notre intellect qui est un outil extraordinaire pour la survie, de même que le sont nos pulsions instinctives. Mais notre être spirituel est au-dessus de tout cela et c'est en lui que nous trouverons la source du vrai bonheur auquel nous aspirons tous.

Lorsque vous sortirez de cet exercice, vous ressentirez une profonde plénitude et une sérénité bienfaitrice. Ce nouvel état en vous, quoique fugitif, sera le terroir d'une nouvelle attitude dans la vie de tous les jours.

Croyez-moi, dans cet espace intérieur que vous découvrirez tranquillement, vous puiserez une grande force. Cependant, vous ne devez pas vous fixer d'objectifs, vous devez vous abandonner sans attente, ni plan, car vous fixer des objectifs reviendrait à redonner le contrôle à votre machine à penser.

Vous pouvez aussi faire cet exercice dans d'autres circonstances.

Lorsque vous marchez par exemple, laissez votre regard se poser sur les choses et les gens que vous croiserez. Laissez montez en vous ce qu'ils susciteront comme pensée et comme réaction. Tout comme dans le dernier exercice, laissez tout cela voyager dans votre tête sans y prendre part. Si vous vous laisser prendre en enchaînant une réflexion au passage d'une pensée, revenez tranquillement à votre point de vue d'observateur, sans vous emballer. Gardez le calme en vous.

Vous découvrirez ainsi les rivages d'un continent inconnu, celui de votre être supérieur.

CHAPITRE TROISIÈME

BONHEUR ET ACCEPTATION

*L'acceptation
n'est pas la résignation.*

*L'acceptation, c'est la libération
sans le combat.*

Tentez d'être quelqu'un d'autre n'a jamais réussi à quiconque, il en va de même de l'envie et de la jalousie.

Albert Camus disait: «Qu'est-ce que le bonheur sinon l'accord vrai entre un homme et l'existence qu'il mène.»

Marcelle Auclair, quant à elle, nous explique dans son livre *La pratique du bonheur*: «L'envie, même lorsqu'elle n'est pas accompagnée de méchants sentiments, crée des obstacles entre les biens de ce monde et nous.»

L'acceptation de ce que nous sommes et de ce que nous vivons est une des premières marches qui nous élèvent vers le bonheur. Car il faut bien comprendre que le bonheur ne peut être accessible lorsque nous sommes en guerre intérieurement.

***

Henri vivait dans un petit appartement du centre-ville de Montréal. Le quartier pauvre et lugubre abritait des gens aux allures étranges et suspectes. Le soir, on pouvait entendre les frasques des ivrognes et le brouhaha des prostituées et de leurs clients. Tout dégoûtait Henri dans cet environnement glauque. Il était cependant obligé d'y rester. Le coût élevé des logements ne lui permettait pas de trouver mieux pour le moment. De plus, la proximité de son lieu de travail lui faisait sauver de nombreuses heures de transport quotidiennement. Mais Henri souhaitait tellement changer d'emploi, pouvoir trouver un logement ailleurs, qu'il en maudissait continuellement tous les gens qu'il croisait en sortant de son appartement.

Le soir, en entrant chez lui, il tempêtait contre le mauvais sort qui ne lui permettait pas d'avoir une meilleure vie. Henri s'enlisait de plus en plus dans un marécage de mauvais sentiments et de rancune contre tout ce qui l'entourait, mais aussi contre ceux qui avaient les moyens de vivre dans de beaux quartiers.

Désormais, son humeur était maussade du matin jusqu'au coucher, le monde entier était responsable de son sort.

Un jour, un événement vint déranger profondément la sombre routine d'Henri.

Il sortait de chez lui. Une fine pluie arrosait toute la ville et rendait la chaussée glissante. Un homme assez âgé marchait à quelques enjambées devant lui d'un pas agile. Sans que rien ne puisse l'annoncer et sans même regarder si la voie était libre, l'homme s'élança dans la rue, sans doute pour rejoindre le trottoir opposé. Un automobiliste qui conduisait sa voiture un peu rapidement pour le secteur ne put éviter le vieil homme.

À quelques mètres d'Henri, l'iné-
vitable impact se produisit dans un
fracas de tôle froissée et d'os brisés.
Sous la force de l'impact, le corps de
l'homme vint choire sur le trottoir
exactement devant Henri, à quelques pouces de ses pieds.

La chute du corps disloqué sur le
ciment fut terrible. Cette vision
horrible ne figea cependant pas
Henri qui s'agenouilla près du vieil
homme dans la seconde suivante.
Ne sachant pas quoi faire ou quoi ne
pas faire, il mit sa main sur le front
de la victime au même moment où
ses yeux s'entrouvraient.

Un autre passant vint les rejoindre.
Le téléphone cellulaire à la main, il

parlait déjà avec un responsable des urgences. Une ambulance arriverait dans les prochaines minutes sur les lieux de la tragédie.

Malgré l'attroupement qui s'était créé en peu de temps, Henri demeura agenouillé tout près de l'homme sur le trottoir. Son regard était plongé dans les yeux du vieil homme qui semblait, de son côté, y trouver tant de réconfort et de sécurité. Henri se sentait comme une bouée de sauvetage pour cet être en détresse, qui le suppliait silencieusement de rester tout près. Henri aurait bien voulu lui prendre la main, mais il lui semblait que les os de ce corps traumatisé étaient tous broyés. Finalement, les ambulanciers arrivèrent et le rassemblement fut dissipé par les policiers. Principal témoin de l'accident, Henri dut donner sa version des faits ainsi que ses coordonnées aux enquêteurs.

Ce n'est qu'à ce moment qu'Henri s'aperçut que la voiture en cause dans l'accident était une voiture luxueuse conduite par une femme dans la cinquantaine. De loin, Henri remarqua que les policiers soumettaient la dame à un test d'alcoolémie. Elle donnait effectivement l'impression d'être saoule.

Quelle tristesse. Il était à peine 9 h 30 et elle était visiblement en état d'ébriété avancée.

Dans les heures qui suivirent, Henri ne put se rendre à son travail. Il ne pouvait non plus rentrer chez lui. Il était profondément troublé par cet événement qui venait le troubler. En fait, il vivait une collision intérieure aussi violente que celle impliquant le vieil homme.

Lui qui se plaignait constamment de la vie qui lui était dévolue, il venait de voir deux vies basculer dans un malheur impitoyable. Bien sûr c'est un lieu commun de dire que d'autres souffrent plus que soi et qu'il ne faut pas se plaindre, mais la réalité de cette affirmation venait de lui éclater au visage. Lui qui était à gémir sur son sort, un homme plus désespéré encore était venu chercher réconfort dans sa présence. Une nouvelle sensibilité venait d'être éveillée dans les profondeurs du cœur d'Henri.

À partir de ce jour, Henri accepta son sort et détourna ses énergies et ses pensées qu'il avait tant employées à maudire et à se révolter, pour maintenant s'ouvrir aux gens qui vivaient autour de lui.

La transformation qui s'opéra dans le cœur d'Henri était une ouverture. L'envie que le bonheur des autres suscitait chez lui auparavant se changea en souhait sincère que ce même bonheur soit présent le plus longtemps possible dans la vie de tout un chacun.

La vie d'Henri ne changea pas beaucoup sur le plan matériel, mais quelle métamorphose sur le plan des rapports humains! Henri, avec le temps, conquit le cœur des gens de son quartier et mit sur pieds une association d'entraide pour venir en aide aux jeunes et aux adolescents désœuvrés. Les gens venaient voir Henri pour toutes sortes de conseils, et il trouvait toujours le bon mot pour les réconforter.

À qui voulait l'entendre, il répétait un extrait d'une lecture qu'il avait faite: «Si tu n'aimes pas ton image dans le miroir, ne change pas de miroir, c'est plutôt toi que tu dois changer.»

Cette histoire peut paraître incroyable, mais elle est arrivée réellement. Henri a subi un choc qui l'a éveillé, mais il a aussi eu le courage de prendre une décision, celle d'aller vers les autres parce qu'il avait vu la détresse profonde dans les yeux apeurés d'un être en état de véritable souffrance.

Il avait accepté sa vie et par le fait même en avait changé la destinée. En faisant disparaître les conflits qu'il entretenait et qui épuisait ses énergies, il avait décidé de donner gratuitement tout ce qu'il avait à la vie.

Bien sûr, accepter sa vie ne veut pas dire se déresponsabiliser ou encore baisser les bras devant ce qui n'est pas acceptable, ou encore ne plus chercher à améliorer son sort. Il s'agit plutôt de comprendre que les vrais changements découlent du grand changement que nous devons opérer au plus profond de nous.

Accepter la vie, c'est faire taire les conflits intérieurs, les tiraillements entre ce que nous vivons et ce que nous aimerions vivre. C'est de ne plus envier les autres, mais plutôt d'être content pour eux.

Accepter la vie, ce n'est pas de baisser les bras devant les inégalités, mais plutôt d'être droit en soi-même pour dénoncer par la parole et prêcher par l'exemple d'un même souffle.

EXERCICE

Trouvez une source de conflits dans votre vie. Inscrivez-la sur une feuille de papier que vous laisserez sur votre table de chevet. Jour après jour, au lever, lisez ce qui est inscrit sur votre feuille. Au coucher, repassez votre journée et tentez de trouver ce qui a changé ou ce qui aurait pu être différent face à cette situation.

Vous tracerez ainsi une trajectoire vers une meilleure compréhension de ce qui vous irrite et des réactions que cela provoque en vous. C'est cette compréhension qui vous conduira vers le changement.

Exemple – Vous êtes plutôt timide et vous n'arrivez pas à prendre votre place dans un groupe. Lorsque vient le temps de prendre la parole ou lorsque l'attention est dirigée vers vous, vous rougissez et vous fondez sur votre siège.

Votre réaction, normalement, est de vous sentir mal dans votre peau. Le soir, devant votre feuille, revivez les moments de la journée où vous avez vécu cette situation. À ce moment, tentez de vous accepter tel que vous êtes lorsque vous êtes dans un groupe. Vous êtes gêné, tant pis. N'en ayez pas honte. Faites plutôt monter en vous un sentiment d'acceptation et de paix.

Le lendemain soir, refaites le même exercice, mais cette fois, prenez quelques notes sur la situation et sur la façon dont vous avez réagi. Privilégiez les changements positifs, si minimes soient-ils.

Jour après jour, vous vous détacherez de l'aspect dramatique de la situation initiale et vous trouverez des pistes à suivre pour vous soulagez de plus en plus. Sans conflit ni combat contre vous-même, vous vous transformerez. Bien sûr, le temps que des changements se fassent vraiment sentir peut être plus ou moins long, mais dites-vous bien que rien ne presse.

PAROLES
ET PENSÉES

«Nous avons tous besoin
d'une nourriture spirituelle
qui nous aidera à concevoir
le menu de notre bonheur.»

Voici quelques paroles et pensées
qui m'ont aidé et m'aident encore à
sentir en moi la force de la vie.

*Les grains de blé que l'agriculteur
sème dans son champ
ne donneront jamais
de mauvaises herbes.
Il en va de même pour les grains
de joie que vous lancerez
autour de vous.
Ils ne produiront jamais de malheurs.
Le pire qui puisse arriver
c'est que le terreau ne soit pas fertile.*

***

*Aimer, c'est se donner aux autres
et non se vendre ou se louer.
Vous n'avez donc pas besoin
de contrat.*

***

Le bonheur est issu
de ce que je suis
et non de ce que l'on pourrait
me donner ou penser de moi.

***

La compassion n'est pas pitié.
Elle est plutôt une passion
pour l'autre.

***

Garder le calme en soi,
c'est baisser la voile
pour laisser passer la tempête.
Quel marin serait assez fou
pour garder toute sa voilure ouverte
en plein cœur d'un ouragan?

***

Hier soir, le bonheur a trouvé le repos
dans ma cour.
Il sautait sur ses deux petites pattes
et il chantait sans reprendre
son souffle.
Une note n'attendait pas l'autre
et, d'un grand coup d'aile,
il a repris son voyage.

***

L'homme est pensée et instinct.
Une partie de la sagesse consiste
à comprendre que ce ne sont
que des outils qu'il faut utiliser
lorsque nécessaires seulement.

***

Ne dites pas à la vie de se laver
les mains et d'aller se coucher alors
qu'elle souhaite vous embrasser.

***

Si le courant ne passe pas
entre vous et une autre personne,
peut-être devriez-vous allumer
votre interrupteur.
On ne sait jamais, ça pourrait aider.

***

Vous trouvez que le temps passe
trop vite et que vous n'avez pas
de temps.
Commencez par éteindre
le téléviseur.

***

Le bonheur ce n'est pas un film,
c'est une photo.

LECTURES
CONSEILLÉES

*«Une pensée, une phrase
peut allumer l'étincelle,
mais celui qui agira c'est vous,
et personne d'autre.»*

Créez votre vie, Jean-François Decker, Le Jour, 1993.

La dynamique du bonheur, Joseph Murphy, Dangles-Raffin, 1980.

La porte secrète menant à la réussite, Florence Scovel Shinn, Astra, 1988.

L'apprentissage de la sérénité, Louis Pauwels, Pocket, 1998.

La pratique du bonheur, Marcelle Auclair, Seuil, 1956.

La vie impersonnelle, Hélène Baron, Astra, 1987.

Le besoin de fuir, Placide Gaboury, Édimag, 1998.

Le grand livre de la sagesse, Yveline Brière, Le cherche midi, 1999.

Le jeu de la vie, Florence Scovel Shinn, Astra, 1988.

Le livre des sagesses, collectif, Bayard, 2002.

Les 33 leçons du bonheur, Louis N. Fortin, Édimag, 1998.

Par 4 chemins, Jacques Languirand, de Mortagne, 1989.

Pour arrêter de souffrir, Placide Gaboury, Édimag, 1997.

Commandez notre catalogue
et recevez, en plus,

UN LIVRE CADEAU

et de la documentation
sur nos nouveautés * .

Allouez de 3 à 6 semaines pour la livraison.

Comment vivre heureux (# 474)

Votre nom: ....

Adresse: ....

....

Ville: ....

Province/État: ....

Pays: ....Code postal: ....

Date de naissance: ....

Comment vivre heureux (# 474)

Comment vivre heureux (# 474)

Votre nom: ....

Adresse: ....

....

Ville: ....

Province/État: ....

Pays: ....Code postal: ....

Date de naissance: ....

Comment vivre heureux (# 474)